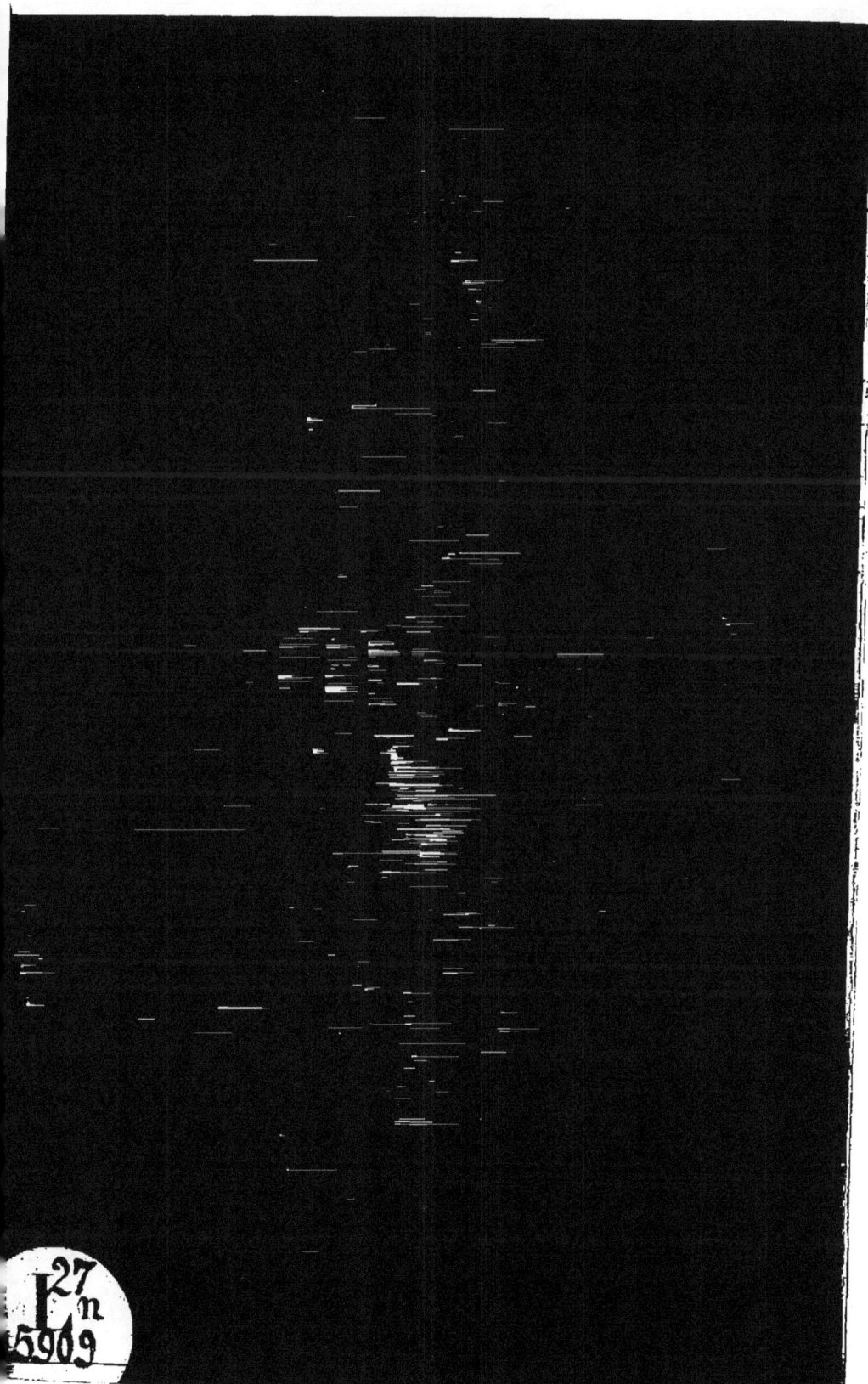

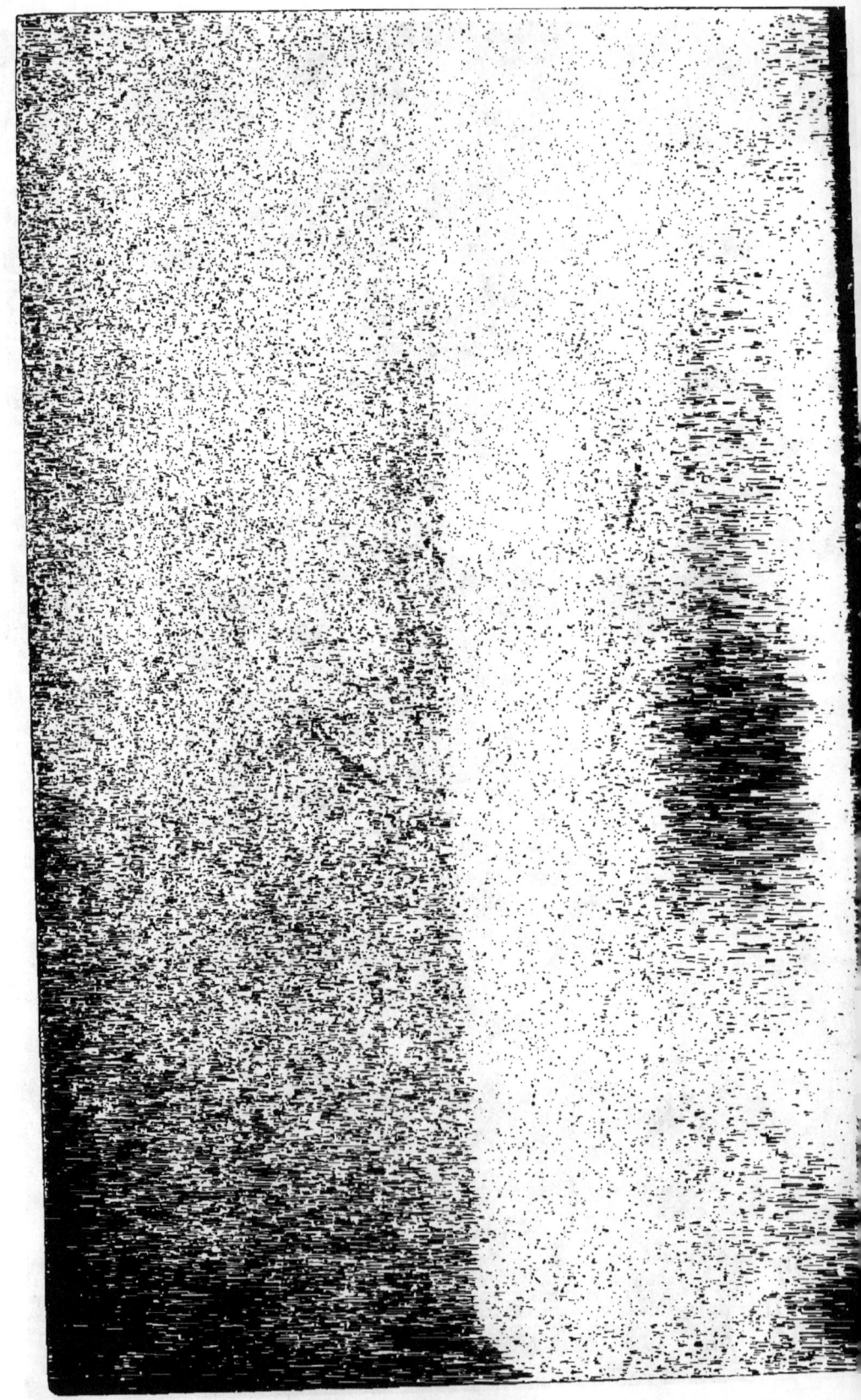

BOURBAKI

PAU
IMPRIMERIE VIGNANCOUR. — F. LALHEUGUE, IMPRIM.
1885

BOURBAKI

NOTES BIOGRAPHIQUES

Charles Bourbaki, naquit à Pau, le 22 avril 1816.

Les premiers épanouissements de Bourbaki enfant furent réchauffés par ce beau soleil de Béarn, dans cette merveilleuse mise en scène que la poésie grandiose du panorama Pyrénéen enveloppe de ses séductions.

Celui qui devait prendre dans l'histoire de notre pays une si grande place, celui dont le nom devait être associé si glorieusement aux fastes militaires de la France, essaya ses premiers pas sur le sol Béarnais. Il avait dix ans lorsque son père, le colonel Bourbaki, l'envoya à Paris, à Madrid et à La Flèche, où il termina ses études.

Lorsque les rancunes injustifiées d'un gouvernement qui choisissait ses principales victimes parmi ceux-là mêmes dont il eût dû solliciter le patriotique concours, eurent dépossédé Bourbaki du commandement qu'il exerçait à Lyon, le général songea aux premières joies de son enfance, à ce pays qui ne lui rappelait que d'aimables souvenirs ; et c'est parmi nous, devant ces cimes majestueuses dont sa mémoire lui retraça si souvent les tons vagues et harmonieux, qu'il songea à supporter noblement les iniquités républicaines et les disgrâces immméritées.

Nous avons tenu à commencer par là ; il nous est agréable, à nous béarnais, de rappeler ici qu'il s'agit d'un béarnais de cœur, d'un béarnais d'origine, d'un béarnais d'adoption.

Nous n'avons pas la prétention de retracer dans les lignes qui vont suivre la vie de l'illustre capitaine ; aussi bien nous serait-il impossible d'accompagner Bourbaki dans toutes les phases de cette vie agitée, de cette existence fiévreuse dont chaque heure marque un élan héroïque, une brillante victoire, une glorieuse défaite. L'horloge des destinées des chefs de nos armées n'a pas toujours sonné le triomphe ; mais il est des échecs qui honorent plus ceux qui les ont noblement supportés que certaines gloires trop facilement acquises. Ces heures tintèrent rarement toutefois aux oreilles de Bourbaki ; il fut l'enfant gâté de la victoire, et si de grands désespoirs furent le résultat douloureux d'une bravoure et d'un patriotisme que rien ne put altérer, tous les Français qui ont conservé le culte de grands souvenirs et de la reconnaissance environnent le général de l'auréole qui lui est bien acquise, l'auréole des patriotes et des braves.....

Notre seule ambition est d'offrir à nos compatriotes quelques notes rapides et détachées qui leur feront entrevoir le vaillant général, sans toutefois, à notre grand regret, dérouler sous leurs yeux, dans tous les détails qu'elles comportent, ces brillantes épopées où le nom de Bourbaki revient sans cesse comme un gage de victoire et d'honneur.

Voici, dans ses grandes lignes, le tableau des services militaires du général ; nous développerons ensuite :

« Entré au service, le 15 novembre 1834, en qualité d'élève de l'école de St-Cyr ; sous-lieutenant d'infanterie, le 12 octobre 1836 ; lieutenant, le 21 décembre 1838 ; capitaine, le 15 juin 1842 ; chef de bataillon, le 28 août 1846 ; lieutenant-colonel, le 16 janvier 1850 ; colonel, le 24 décembre 1851 ; général de brigade, le 14 octobre 1854 ; général de division, le 12 août 1857.

« Légion d'Honneur : Chevalier, 29 juillet 1840 ; officier, 26 décembre 1852 ; commandeur,

22 septembre 1855 ; grand-officier, 6 septembre 1860 ; grand-croix, 20 avril 1871. »

Après un séjour au Prytanée militaire, Bourbaki entra à St-Cyr en 1834 et en sortit en 1836 ; envoyé aussitôt en Afrique, il fit l'expédition de Constantine en qualité de sous-lieutenant affecté au 59ᵉ de ligne. Dans le courant de juin 1842, il était nommé capitaine de zouaves ; et quatre ans après, chef de bataillon aux tirailleurs indigènes ; il avait déjà vaillamment conquis la croix de la Légion d'Honneur aux combats d'Aïn-Turk et la note de sa citation à l'ordre du jour de l'armée mérite d'être reproduite ici :

« Jeune officier, d'une haute intelligence et
« de la plus impétueuse bravoure, ayant pris
« une part brillante aux actions en avant de
« la redoute, en engageant sa compagnie à
« fond contre un ennemi décuple, avec une
« extrême hardiesse et beaucoup d'entente du
« terrain. »

Le jeune capitaine avait déjà reçu plusieurs blessures, notamment un coup de feu à la jambe gauche, dans un engagement meurtrier contre les Kabyles. Au combat de Milah, son cheval s'affaissa sous lui, percé de plusieurs balles.

Le bataillon de zouaves, dont Bourbaki faisait partie, appartenait à la colonne du général duc d'Aumale ; et tous ceux qui ont conservé le culte des glorieux souvenirs de la conquête Algérienne savent combien furent brillantes ces campagnes dont le résultat fut l'écrasement de plusieurs tribus, que les efforts les plus constants et les plus opiniâtres n'avaient pas jusqu'à ce moment réussi à soumettre.

Son commandement dans les tirailleurs indigènes ne fut qu'une série d'expéditions périlleuses, de luttes incessantes, d'alertes de tous les instants ; un qui-vive continuel.....

En 1850, Bourbaki recevait la juste récompense de sa bravoure et de ses services : il était promu lieutenant-colonel et placé au régiment de zouaves commandé par le colonel d'Aurelles de Paladines. Des troubles inquiétants pour la sécurité de nos possessions venaient d'éclater dans la Grande Kabylie ; le général Pélissier n'hésita pas à confier au lieutenant-colonel Bourbaki le commandement d'une forte colonne, et les résultats de cette expédition furent tellement brillants, tellement féconds, que Pélissier, en dehors de toute tradition, provoqua la nomination de Bourbaki au grade de colonel, dans ce même corps de zouaves dont il était lieutenant-colonel.

La popularité de Bourbaki dans l'armée d'Afrique était extrême. Brave, jusqu'à la plus folle témérité, lorsqu'il ne s'agissait que de lui, sa sollicitude pour les troupes placées sous ses ordres était touchante ; pas un détail de l'existence matérielle de ses hommes ne lui échappait ; et s'il n'hésitait pas, quand la situation le commandait, à lancer ses troupes dans la fournaise et à les vouer à une mort glorieuse, on peut affirmer que jamais une existence ne fut compromise par lui sans que ses ordres ne fussent dictés par les nécessités les plus impérieuses et les plus patriotiques.

Il était adoré de ses hommes ; il avait excité en eux un vrai fanatisme. Chacun connaît ces refrains, populaires en Algérie, dont le nom de Bourbaki fait tous les frais ; ce n'est pas un chef-d'œuvre de prosodie ; mais beaucoup de poésies ayant plus de valeur que celle qui va suivre sont assurément moins connues qu'elle. Voici d'ailleurs un de ses couplets :

<pre>
            Gentil turco,
       Quand, autour de ta boule,
       Comme un serpent s'enroule
     Le calicot qui te sert de shako,
            Ce chic exquis
          Par les turcos conquis,
          Ils le doivent à qui ?
              A Bourbaki !
          A Charles Bourbaki !
</pre>

Au siège de Laghouat, où il commandait une colonne envoyée au secours du corps assiégeant, le colonel de zouaves fut nommé officier de la Légion d'honneur.

Quelques temps après, Bourbaki, emporté par sa destinée qui voulait que son nom fut associé à toutes nos gloires, que son épée brillât au soleil de toutes nos batailles, s'embarquait pour l'Orient, et il était placé dans la division du général Canrobert.

Le 1er zouaves fit souvent parler de lui, aussi bien à Sébastopol qu'à l'Alma ; et son vaillant colonel était assurément pour quelque chose dans cet entrain merveilleux, cette fougue irrésistible qui provoquait l'enthousiasme des commandants de l'armée anglaise.

A la bataille d'Inkerman, Bourbaki était déjà général ; de 9 heures du matin à 7 heures du soir, il ne cessa de diriger l'attaque ; et s'il descendit quelques instants de cheval ce jour-là, ce fut pour en changer, sa monture ayant succombé sous les projectiles ennemis.

Malgré une défense désespérée, il mit en déroute une forte colonne de tirailleurs Russes et le général en chef des troupes anglaises fit, à ce sujet, au ministre de la guerre, un rapport inspiré par une admiration particulièrement flatteuse.

Bourbaki, qui semblait avoir fait un pacte avec la victoire, fut à son tour vaincu par la fatigue et la maladie ; obligé de rentrer en France, il ne tarda pas à éprouver les premières atteintes d'une nostalgie patriotique, et quelques jours après, il repartait pour le théâtre de la guerre, où il ne cessa de manifester sa bravoure et sa science militaire. Il participa dans de grandes proportions à la prise de Malakoff, et c'est dans une des batailles qui précédèrent le triomphe de nos armes, qu'il reçut en pleine poitrine un éclat d'obus qui mit ses jours en danger.

En août 1857, Bourbaki était fait général de division ; il était Commandeur de la Légion d'honneur depuis le 22 septembre 1855.

Pendant la période d'années comprise entre la campagne d'Orient et celle d'Italie, le général Bourbaki, après avoir commandé la subdivision de la Gironde, fut encore envoyé en Afrique, où il commanda une des brigades de la division Mac-Mahon.

Dans le combat d'Ichiriden, Bourbaki eut encore un cheval tué sous lui et fut cité à l'ordre de l'armée.

Toujours en haleine d'expédition et de guerre, toujours l'épée en main, toujours prêt au devoir et au sacrifice, Bourbaki, dont l'existence venait de s'écouler sur les champs de bataille, avait sa place marquée dans la campagne d'Italie. Il commanda une division sous les ordres du maréchal Canrobert, à Solférino et à Magenta.

Après la guerre, le général commanda plusieurs divisions, notamment celles de Metz, Grenoble, Besançon. Il reçut aussi, une année, le commandement en chef du camp de Châlons.

*
* *

Nous voici arrivés à la période douloureuse de la guerre de 1870 à 1871. Ici les secousses commencèrent pour cette existence, qui semblait vouée aux caresses du sort ; mais si quelques revers immérités viennent assombrir un front qui fut couronné souvent des lauriers de la victoire, nous voyons quand même grandir l'homme de guerre et aussi le patriote.

Le général Bourbaki commandait la garde impériale lorsque la guerre fut déclarée entre la France et la Prusse.

A la bataille de Rezonville, et sans en avoir reçu l'ordre, il engagea la Garde, de sa propre autorité. Il refoula les prussiens bien au-delà des situations qu'ils occupaient, modifia sensiblement la physionomie de la bataille et peu s'en fallut que, grâce à sa spontanéité et à son énergique initiative, la sanglante journée de Rezonville (16 août 1870) ne fut un magnifique triomphe.

Le 18 août, le général Bourbaki prit encore sur lui, ne recevant pas d'ordre, de jeter dans la mêlée son artillerie et ses grenadiers, ainsi que toutes les troupes qui lui restaient. Le mal qu'il fit aux Allemands fut considérable, car cette lutte de géants fut longue ; à 11 heures du soir seulement, en effet, Bourbaki faisait cesser son feu.

Pendant le siège de Metz, on fit appel au dévouement de Bourbaki ; le général fut chargé d'une mission qui ne devait l'enlever que pour quelques jours seulement à son commandement. Malgré la promesse qui lui avait été solennellement faite par le grand Etat Major prussien de le laisser rentrer dans la ville investie, il lui fut impossible, après une série de tentatives opiniâtres, de rentrer à Metz.

La veille de la capitulation de Metz, Gambetta adressait au général Bourbaki un télégramme ainsi conçu :

Tours, 26 octobre 1871.

Ministre guerre à Bourbaki,

L'intérêt suprême de la France exige que le maréchal Bazaine soit averti qu'en tenant encore il peut tout sauver. — Vous aimez trop la patrie pour ne pas tenter le possible et l'impossible, afin de lui faire parvenir ce conseil. Envoyez donc des hommes à vous, avec un avis pressant de vous, pour lui peindre la situation et réclamer de lui une prolongation de résistance sur laquelle nous avons tous le droit de compter ; n'épargnez ni l'argent, ni les récompenses.

Léon GAMBETTA.

Le général, considérant comme absolument irréalisable son désir de reprendre le commandement de ses troupes, renonça à rejoindre son poste et à communiquer avec l'armée de Metz et crut devoir répondre aux sollicitations du gouvernement de la Défense nationale, qui lui demandait, au nom de la patrie, d'aller, se mettre à sa disposition à Tours.

Voici, d'autre part, une note indiquant l'opinion de Gambetta sur l'attitude du général Bourbaki, à l'époque de nos grandes angoisses nationales :

« J'ai toujours cru que le général Bourbaki
« était, avant tout, français et vaillant soldat.
« Je priai le général de se rendre à Tours ;
« il y vint, la France avait besoin de son
« épée. »

Il fut nommé commandant supérieur de la région du Nord ; il se rendit aussitôt dans ces contrées, qu'il trouva dans un complet désordre, dépourvues d'hommes, dépourvues de matériel. C'était à peine s'il pouvait disposer de quelques milliers de mobilisés mal équipés et armés de fusils ancien modèle. Le général dépensa sa prodigieuse activité, sa grande expérience, et mit au service de cette organisation tout l'entrain que lui inspirait son ardent patriotisme.

Un mois après, il avait formé, avec des épaves de l'armée de Metz qui venait de capituler, avec des éléments divers qu'il avait réunis à grand'peine, un corps de 10,000 hommes bien compact, bien armé, prompt à la manœuvre, et sur lequel il comptait pour diverses tentatives audacieuses qu'il croyait réalisables.

Il se disposait à enlever Beauvais et à marcher sur Chantilly, lorsque le gouvernement de la Défense nationale lui enleva son commandement.

*_**

Le 19 décembre 1870, le gouvernement de Bordeaux confiait au général Bourbaki le commandement de l'expédition de l'Est et mettait à la disposition du général le 18e, le 20e et le 24e corps.

Bourbaki avait sous ses ordres plus de 100,000 hommes ; mais il ne fallait compter, dans ce chiffre, que 30 ou 35,000 troupiers aguerris, susceptibles de résister aux secousses d'une campagne aussi sérieuse que celle qui se préparait.

Le général comptait sur des promesses solennellement faites. On lui avait assuré que les mouvements seraient rapides ; on lui avait promis des approvisionnements considérables ; mais, lorsqu'il se rendit compte des éléments dont il pouvait disposer, il considéra la situation avec amertume. Les voies étaient encombrées et les divers conflits qui éclataient entre l'administration de la guerre et l'administration civile compliquaient singulièrement la situation.

L'hiver était rigoureux ; des amoncellements de neige entravaient la marche des trains ; les routes étaient impraticables ; les hommes mouraient de faim ; les chevaux s'abattaient, languissants, efflanqués, amaigris ; le paysage avait un aspect désolé et les habitants des provinces de l'Est, dépourvus eux-mêmes des éléments indispensables à la vie matérielle, ne pouvaient en aucune façon venir en aide à nos soldats, dont les souffrances physiques et les préoccupations morales avaient sensiblement altéré l'entrain.

Le général Bourbaki avait à peine pris le commandement de l'armée de l'Est, qu'il recevait du gouvernement de Bordeaux de nombreux télégrammes qui lui reprochaient son immobilité. Ceux-là mêmes qui accepteront devant l'histoire la responsabilité du mauvais état matériel des troupes de l'Est, mauvais état qui paralysait momentanément tout mouvement, s'irritaient à la pensée que, dès le jour même de son arrivée à la tête de son armée, Bourbaki ne volait pas de victoire en victoire.

Le brave général commençait à tremper ses lèvres dans cette coupe d'amertume qu'il était destiné à vider jusqu'à la dernière goutte !

MM. Gambetta et de Freycinet avaient supplié Bourbaki de prendre le commandement de l'armée de l'Est ; ils avaient fait appel à son patriotisme, sachant qu'on ne faisait jamais vibrer en vain cette corde dans le cœur du général, et ils le traitaient déjà en suspect.

Le gouvernement, en effet, lui avait écrit :
« Je désire, bien entendu, qu'aucune déci-
« sion ne soit prise avant de m'avoir
« été soumise..... Il faut, ainsi que je vous
« l'ai demandé, que vous m'indiquiez, chaque
« soir, aussitôt que la marche de la journée
« est terminée, les positions exactes des diffé-
« rents corps placés sous vos ordres, ainsi
« que vos projets pour le lendemain. »

L'âme du général planait au-dessus de ces vexations subalternes ; et lorsque Bourbaki voyait grouiller autour de lui, aussi bien que dans les régions gouvernementales, les sentiments et les rancunes dont son esprit élevé ne comprenait pas absolument la portée, il ne considérait que l'objectif offert à son patriotisme, la grandeur de la mission qui lui avait été donnée, la défense du sol sacré de la patrie !!

Dans sa généreuse résignation, devant les

angoisses du pays, il consentit sans peine à subir la présence, dans son Etat-Major, d'un polonais, nommé de Serres, une sorte de commissaire civil que le gouvernement lui avait envoyé avec des pouvoirs très étendus, et dont la principale mission était de faire à MM. Gambetta et de Freycinet des rapports confidentiels sur les faits et gestes de Bourbaki.

Le général avait prévu que la première rencontre sérieuse aurait lieu à Villersexel ; mais il n'avait jamais pensé que le gouverneur de Belfort serait aussi faible et que ce vieux fantoche de Garibaldi, dont la présence en France, à cette époque, sera pour notre histoire une éternelle honte, se montrerait si solennellement incapable.

La bataille de Villersexel fut un magnifique triomphe ; on se rappelle encore en France l'émotion qu'elle provoqua, l'espérance qu'elle fit éclore dans les âmes.

Le combat dura 24 heures ; de 8 heures du matin 9 janvier, à 8 heures du matin 10 janvier. L'ennemi fut culbuté, laissant à nos troupes une partie de son matériel et un grand nombre de prisonniers. Voici comment M. de Freycinet s'exprimait sur la part glorieuse que le général avait prise à la victoire : « Le succès
« de cette journée, dit-il, fut dû principale-
« ment à l'intervention personnelle du général
« Bourbaki, qui ne quitta pas le champ de

« bataille. Au moment où les troupes faiblis-
« saient sous le feu de l'artillerie, il parcourut
« leur front et les ramena à l'assaut avec une
« bravoure incomparable. Ceux qui étaient au-
« près de lui et qui n'avaient pas eu l'occasion
« de le voir dans le combat, parlent avec ad-
« miration du changement qui s'opéra dans sa
« personne. Sa physionomie, d'ordinaire dou-
« ce et tranquille, s'illumina soudain et son
« geste eut une puissance de commandement
« irrésistible. Les troupes électrisées marchè-
« rent au feu en poussant des exclamations
« enthousiastes. »

En parcourant certaines publications faites sur la campagne de l'Est, nous relevons les lignes qui suivent dans l'intéressant ouvrage, *Récits militaires du général Ambert* : « La
« bataille de Villersexel fut terriblement dis-
« putée. Le village occupé par les Allemands
« était, de 9 heures du matin à 10 heures
« du soir, le théâtre d'une lutte sanglante.
« Un moment, dans la journée, nos bataillons
« avaient semblé faiblir ; on vit alors Bourbaki
« se précipiter en avant. Il avait retrouvé sa
« grande figure d'Afrique et de Crimée ; sa
« tête s'élevait au-dessus de la foule ; l'œil
« lançait des éclairs ; les accents de sa voix
« dominaient la bataille. C'était le courage
« brillant, le courage français qui se com-
« munique en un moment : Allons enfants !

« en avant ! l'infanterie française ne sait donc
« plus charger ?

« Tous les chants des poëtes, tous les discours
« des orateurs auraient eu moins de puissance
« sur ces soldats d'un jour que cet appel de
« Bourbaki. Le village fut envahi de nouveau.
« Villersexel restait en notre possession.

« Ce que le 20ᵉ corps avait commencé, une
« division du 18ᵉ corps, sous les ordres de
« l'amiral Penhoat, l'achevait au déclin du
« jour et dans la nuit, au milieu des flammes
« du château incendié par l'ennemi en fuite ».

Nous avons la bonne fortune de pouvoir communiquer à nos lecteurs le texte absolument authentique des télégrammes que Bourbaki reçut du gouvernement après son éclatant succès de Villersexel et un nouveau succès remporté, le 13 janvier, à Arcey :

Guerre a Bourbaki

Bordeaux, 10 janvier 1871.

3 heures du soir.

M. de Serres, par une dépêche de ce jour, me fait connaître la splendide attitude que vous avez eue dans la journée d'hier. Elle ne m'étonne pas ; mais j'en suis glorieux pour la France ; elle est pour moi la garantie de nouveaux succès.

C. DE FREYCINET.

Guerre a Boubaki

Bordeaux, 10 janvier 1871.

12 heures 15.

M. de Serres vient de nous annoncer la brillante victoire que vous venez de remporter en avant de Villersexel, c'est le couronnement mérité de la savante manœuvre que vous exécutiez depuis 4 jours, avec autant de hardiesse que de prudence, entre les deux groupes de forces ennemies. Je vous félicite de tout mon cœur, ainsi que votre chef d'Etat-major Borel dont j'ai reconnu la main dans plusieurs dispositions. Il nous tardera de récompenser les braves qui se sont distingués dans cette journée et auxquels le gouvernement sera heureux de témoigner sa reconnaissance.

Je crois que les conséquences de votre succès seront considérables à bref délai.

C. de FREYCINET.

Guerre a Bourbaki

Bordeaux, 14 janvier 1871.
1 h. 20 du matin.

Je vous félicite du fond de mon cœur de votre beau succès d'Arcey qui, avec celui de Villersexel, doit réjouir la France de vous avoir placé à la tête de sa première armée.

Quant à moi, je ne saurais vous dire la joie et la confiance que m'a apportée votre dépêche de 3 h. qui ne me parvient qu'à minuit.

. . . .

Allons général, continuez vos succès ; nul plus que moi n'y applaudira. Transmettez aussi mes compliments à votre précieux chef d'état-major Borel et remerciez de Serres de son dévouement.

C. DE FREYCINET.

Gambetta a Général Bourbaki

15 janvier 1871.
2 h. du soir.

J'ai envoyé à Paris les résultats heureux de vos opérations dans l'Est. L'entreprise a été approuvée unanimement par tous ; les résultats obtenus les ont remplis de confiance. Je leur ai dit combien vous aviez déployé de qualités, d'énergie, et de brillante bravoure dans les divers combats qui ont eu lieu. Je suis personnellement heureux de vous exprimer, en mon nom et en celui de tous mes collègues, la confiance complète que nous avons mise en votre loyauté et, pour ma part, je me félicite de n'avoir jamais douté des qualités militaires que vous deviez mettre au service de la France envahie !

Je compte bien recevoir promptement de vous les plus complètes et les plus fortifiantes nouvelles.

Léon GAMBETTA

Bordeaux, 18 janvier 1872.
3 h. 30 du soir.

Quand la France connaîtra vos dépêches, elle ne pourra que rendre hommage à la bravoure de la première armée, à l'énergie, au sang-froid, aux capacités de son chef.

La première armée a fait tout ce que les circonstances permettaient de faire ; elle ne pouvait à la fois vaincre un ennemi supérieur en nombre et les éléments; elle a le droit d'être fière de sa conduite.

DE FREYCINET.

Le 15 janvier, Bourbaki faisait un changement de front et prenait ses dispositions en vue d'une nouvelle attaque. Il eut voulu débloquer Belfort, et couper pendant quelques jours les communications entre Paris et Nancy.

Le général prussien Werder se repliait sur de nouvelles positions et attendait le premier choc.

Bourbaki obtint encore de nouveau succès à Montbéliard, à Héricourt, à Chénebier ; mais les positions de Werder étaient formidables ; il avait sous son commandement plus de 50,000 hommes, une formidable artillerie, et il était en rapport direct avec l'armée allemande d'opération et le corps d'investissement de Belfort.

Le 16 janvier, la fusillade recommençait, l'armée de Bourbaki était aux prises avec les troupes de Werder, et les Allemands eux-mêmes demeurèrent stupéfaits devant l'inaction de la garnison de Belfort, qui restait muette et insouciante, contemplant du haut de sa forteresse les péripéties du combat.

Bourbaki entrevoyait déjà le fantôme de la déroute ; il était bien plus vaincu par le froid, la privation de vivres, la maladie, que par les canons prussiens. Les tempêtes de neige se ruaient sur son armée, interceptant les communications, ajoutant à des souffrances, déjà nombreuses, des complications épouvantables, des obstacles invincibles.

Le général, tourné sur sa gauche par le général de Manteuffel, ayant en face de lui Werder et sa formidable artillerie, donna l'ordre de la retraite et fit prendre à son armée la direction de Besançon.

Dans sa sollicitude, Bourbaki surveilla lui-même les préparatifs de la marche en arrière, ne ménageant ni son temps ni ses forces. Il était partout où sa présence pouvait être utile, améliorant de son mieux la situation de ses hommes, prêchant la patience et la résignation, ranimant les désespérés, exhortant les trainards.

Cette retraite de l'armée de l'Est pourrait, par ses épisodes dramatiques, inspirer le poëte dont les vers, effrayants dans leur sombre harmonie, disaient les horreurs de la retraite de Russie :

> Il neigeait !! l'âpre-hiver fondait en avalanche.
> Après la plaine blanche une autre plaine blanche,
> ....
> Il neigeait, il neigeait toujours ! la froide bise
> Sifflait ; sur le verglas, dans des lieux inconnus,
> On n'avait pas de pain et l'on allait pieds nus.
> Ce n'étaient pas des cœurs vivants des gens de guerre,
> C'était un rêve errant dans la brume ! un mystère.
> Une procession d'ombres sous le ciel noir !
> ....
> Le ciel faisait, sans bruit, avec la neige épaisse,
> Pour cette immense armée un immense linceul,
> Et chacun se sentant mourir, on était seul ...

Avec les quelques troupes que le désespoir et la crainte n'avaient pas envahies, Bourbaki, que la douleur étreignait, mais dont l'âme restait encore énergique et vivante devant la grandeur de la catastrophe, guettait l'ennemi, s'efforçant encore de lui faire quelque mal ; et il arriva ainsi à Besançon, pour apprendre que, malgré son insistance auprès du gouvernement, cette place, qu'il considérait comme la base de ses opérations dans l'armée de l'Est, pouvait à peine nourrir son armée pendant huit jours. Il se décida alors à battre en retraite sur Pontarlier, en côtoyant la frontière de Suisse ; il s'exposait de la sorte à être jeté en dehors de nos frontières ; mais n'était-ce pas moins humiliant que de livrer à l'ennemi, dont la poursuite était vigoureuse, les débris de son armée et de son matériel ?

Ces débris d'armée étaient, en grande partie, des mobilisés, des mobiles, des enfants épuisés par la fatigue, les privations, la faim, terrassés par le découragement et le désespoir. Beaucoup s'affaissaient sur les bords de la route, résistant aux ordres de leurs chefs et déclarant qu'ils avaient assez souffert..., qu'ils voulaient attendre la mort, là...

Les chevaux se nourrissaient de l'écorce des arbres qui bordaient la route ; ils mordaient les caissons d'artillerie et en arrachaient des lambeaux de bois qu'ils mâchaient désespérément ; ils se saisissaient mutuellement la crinière et la queue et mangeaient les quelques crins qu'ils réussissaient à se prendre.

Le thermomètre marquait 18 et 20 degrés.

Quelques rares feux s'allumaient çà et là, autour desquels généraux, soldats, mobiles, officiers quelconques, se réunissaient sans distinction de grade,..... et Bourbaki parcourait les colonnes, s'efforçant, malgré les angoisses qui torturaient son âme, de communiquer aux affamés, aux désespérés, aux malades qui l'entouraient, cette sombre philosophie de la résignation devant le malheur ; philosophie à laquelle il devait se soustraire lui-même quelques heures après. . . . . .

Pendant que Bourbaki, aux prises avec des difficultés de toute nature, gravissait douloureusement son calvaire, considérant avec effroi un désastre que sa bravoure et ses grandes capacités militaires avaient tout fait pour éviter et dont le gouvernement seul était responsable; Gambetta, Freycinet et leur entourage menaient joyeuse vie.

Ils ripaillaient dans des palais ; ils vidaient gaiement leur coupe dans des orgies qui se renouvelaient sans cesse, jetant ainsi une odieuse provocation au deuil de la patrie ! Parfois, Gambetta éprouvait le besoin de se montrer à la foule du haut du balcon de la préfecture de la Gironde ; et c'était là qu'il proclamait la guerre à outrance, qu'il déclarait qu'il ne fallait jamais désespérer du salut de la France..........

Puis, il rentrait dans ses appartements avec

son compère Freycinet, et adressait à ses amis ces télégrammes dont le texte sera toujours associé à son nom dans l'esprit de tous les vrais français : « Cigares exquis; soyez tou-
« jours gais et de bonne composition.........
« Nous nageons ici dans la pourpre et l'or. »

C'est là qu'on vint lui apprendre qu'une de ses armées, organisée avec la criminelle insouciance qu'il mettait en toutes choses, venait d'être coupée par l'ennemi : « C'est parfait,
« dit-il, au lieu d'une armée, nous en aurons
« deux ! » ; et il alluma, sans doute, après ce bon mot, un de ces cigares exquis qui tiennent une si grande place dans sa vie de dictateur.

Le général Werder avait reçu de grands renforts ; Manteuffel avait tourné la gauche de l'armée de l'Est, et Bourbaki multipliait ses efforts pour dérober ses troupes aux poursuites des armées allemandes.

Les télégrammes que lui adressaient Gambetta et Freycinet, devenaient acrimonieux. Eux, seuls coupables! eux, seuls responsables! ils s'efforçaient de jeter sur Bourbaki la responsabilité des événements qui allaient suivre et lui proposaient des projets insensés, tels que ceux d'aller à Chaumont, à Neufchâteau, d'obtenir des victoires ; d'enlever Dôle, de traverser Auxonne, de rallier Dijon, et cela, ayant sur ses deux flancs les armées prussiennes.

Ces projets irréalisables, inspirés par l'outrecuidante présomption de M. de Freycinet, par cette présomption qui accumula sur notre pays tant de désastres et de hontes, contrariaient le général Bourbabi dans sa retraite. Le général, prévoyant que si l'armée était contrainte d'entrer en Suisse, on l'accuserait de l'y avoir conduite, donna tous les ordres nécessaires pour que le mouvement de retraite sur l'Ain, par Pontarlier et Salins, fut exécuté comme il le comprenait; car, il fallait quitter Besançon, sous peine d'affamer la place et d'avoir pour son armée une nouvelle catastrophe par la famine. C'est alors que, considérant l'étendue du désastre qu'il avait tout fait pour éviter, aigri par l'injustice et l'ingratitude du gouvernement de la Défense nationale, ému jusqu'au désespoir par les souffrances de ses troupiers, souffrances qu'il était impuissant à soulager, il essaya de mourir à Besançon.

Rentré dans sa chambre, le 26 janvier, après avoir surveillé tous les mouvements de l'armée et assuré la retraite, ce brave, qui n'avait jamais faibli, s'abandonna à son désespoir et, le cœur serré par l'angoisse, se tira un coup de pistolet dans le front.

Fort dangereusement blessé, Bourbaki fut relevé tout sanglant quelques instants après; la balle avait pénétré dans le haut du crâne et put être extraite le lendemain par un médecin militaire du corps d'armée.

On était alors en pourparlers de paix à Versailles, et si par une criminelle indifférence de M. Jules Favre, on n'avait pas mis l'armée de l'Est en dehors de l'armistice, elle ne serait pas allée en Suisse..... Si on n'avait pas publié l'armistice, Clinchant, qui ignorait les conditions exceptionnelles faites à l'armée de l'Est, ne serait pas resté deux jours à Pontarlier et aurait rejoint le département de l'Ain, comme l'avait prévu le général Bourbaki....

Donnons encore, pour terminer, le texte de deux télégrammes. En premier lieu, celui qui fut adressé par le général Bourbaki au gouvernement de la Défense nationale, en réponse aux reproches qui lui étaient faits, et dans lequel nous voyons le reflet de l'amertume qui envahissait son âme :

« Quand vous serez mieux informés, vous
« regretterez le reproche de lenteur que vous
» me faites ; les hommes sont exténués de
« fatigue, les chevaux aussi. Je n'ai jamais
« perdu une heure, ni pour aller ni pour
« revenir.

« Je viens de voir tous les commandants
« de corps d'armée, ils sont d'avis que nous
« prenions la route de Pontarlier, c'est la seule
« direction que l'état moral et physique des

« troupes permette de prendre. Vous ne vous
« faites pas une idée des souffrances que
« l'armée a endurées depuis le commencement
« de décembre ; si ce plan ne vous convenait
« pas, je ne saurais vraiment que faire. Croyez
« que c'est un martyre que d'exercer un com-
« mandement en ce moment !

« Si vous croyez qu'un de mes commandants
« de corps d'armée puisse faire mieux que
« moi, n'hésitez pas, comme je vous l'ai dit,
« à me remplacer soit par Billot, soit par
« Clinchant. »

Voici encore un dernier document ; c'est le télégramme envoyé par M. Gambetta à Bourbaki, le 31 janvier 1871. M. Gambetta venait d'apprendre la tentative de suicide du général :

« C'est avec bonheur que j'ai appris de
« votre aide de camp, que votre vie est hors
« de danger ; j'estime en vous un brave et
« loyal soldat qui a fait noblement son devoir
« sur les champs de bataille ; et il m'eût été
« extrêmement douloureux de vous voir en-
« lever à la patrie. En vous parlant ainsi,
« je crois être l'interprète du pays tout entier,
« qui n'a jamais douté et certainement ne
« doutera jamais de la parfaite droiture de
« votre caractère.

« Je serai heureux d'apprendre que cette
« dépêche vous a trouvé en bonne voie de
« guérison. »

— 31 —

*_**

Le général Bourbaki n'était pas encore absolument rétabli, lorsque M. Thiers lui donna le commandement du 6ᵉ corps d'armée à Lyon et le gouvernement militaire de cette ville.

Son énergie et sa haute expérience furent pour les Lyonnais un gage de calme et de tranquillité, dans ces temps d'agitations et de revendications sociales.

A la chute du maréchal de Mac-Mahon, Bourbaki fut dépossédé de son commandement.

Singulière logique que celle du ministère en général et du ministre de la guerre Farre, en particulier ! On révoquait Bourbaki, et cependant, en lui notifiant la décision ministérielle, le général Farre lui disait que « son « nom était mêlé à toutes les annales glorieuses « de l'armée française, que sa valeur militaire « lui constituait des souvenirs impérissables, « étayés sur l'estime et l'affection de tous ceux « qui le connaissaient, » etc., etc.

Explique qui pourra cette contradiction ! Le général fut, à son départ de Lyon, l'objet des manifestations les plus flatteuses. Les notabilités de la ville lui offrirent une magnifique reproduction du *gloria victis* de Mercier.

Il reçut de nombreuses adresses signées

par ses admirateurs et amis, et c'est sur une de ces adresses, reliée avec art et contenue dans un coffret d'une richesse extrême, que nous avons lu ces vers dédiés au général Bourbaki par Victor de Laprade, membre de l'Académie Française, et écrits de sa propre main. Nos lecteurs le verront, le génie du poëte a été à la hauteur de la gloire du sujet :

AU GÉNÉRAL BOURBAKI

Il nous vient du pays d'Alexandre et d'Homère,
Du pays où la Muse enfantait des soldats.
France ! tu l'as reçu de la Grèce ta mère,
Ce fier neveu d'Achille et de Léonidas.

A de pareils vaincus qu'importe la défaite !
Quand le devoir est fait, qu'importe le bonheur !
Au-dessus des partis il peut lever la tête,
Fidèle à ses seuls dieux..... la Patrie et l'Honneur.

Va ! Tu peux mépriser une atteinte vulgaire,
Tu gardes tes exploits, ton nom pur comme l'or.
Ce nom de Bourbaki, c'était un cri de guerre,
Tous nos vieux Africains le redisent encor.

Va ! La France est toujours amoureuse des braves ;
Et sitôt que les cœurs, sous un ciel plus serein,
Des viles passions ne seront plus esclaves,
Notre histoire inscrira ton nom sur son airain.

Lyon, le 2 Mars 1879.

Après une existence active, une vie consacrée au service de son pays, le général, qui possédait encore les forces physiques, l'énergie et l'entrain de sa jeunesse, n'hésita pas un seul instant dans le choix de la retraite où il voulait supporter, dans le calme et la tranquillité, les iniquités d'un gouvernement qui sacrifiait de gaieté de cœur aux rancunes les plus basses, aux dénonciations les plus subalternes, les gloires les plus pures de la France.

Bourbaki se sentit attiré vers ce pays de Béarn qui lui rappelait les joies de son enfance, et dont le seul nom était pour son esprit l'évocation émouvante de nos panoramas Pyrénéens, de nos paysages pittoresques, de nos plages hospitalières. Il vint se fixer quelque temps à Biarritz, et fit, il y a deux ans, près de Bayonne, l'acquisition d'une villa sur les côteaux de St-Etienne, dont les déclivités vont se perdre dans l'Adour.

C'est dans cette villa, la Villa St-François, asile de paix, éloigné des agitations et du tourbillon mondain de notre station d'été, que le général reçut, il y a quelques jours, les notabilités du parti conservateur des Basses-Pyrénées, sans distinction de nuances politiques.

Des hommes, que séparaient leurs aspirations dynastiques, se trouvaient réunis dans un même sentiment d'admiration pour Bourbaki, et lui demandaient d'accepter la candidature au siège sénatorial laissé vacant par la mort de M. Michel Renaud.

L. DE J.

Pau, 12 Avril 1885.

Pau, imp. Vignancour. — F. Lalheugue imprimeur.

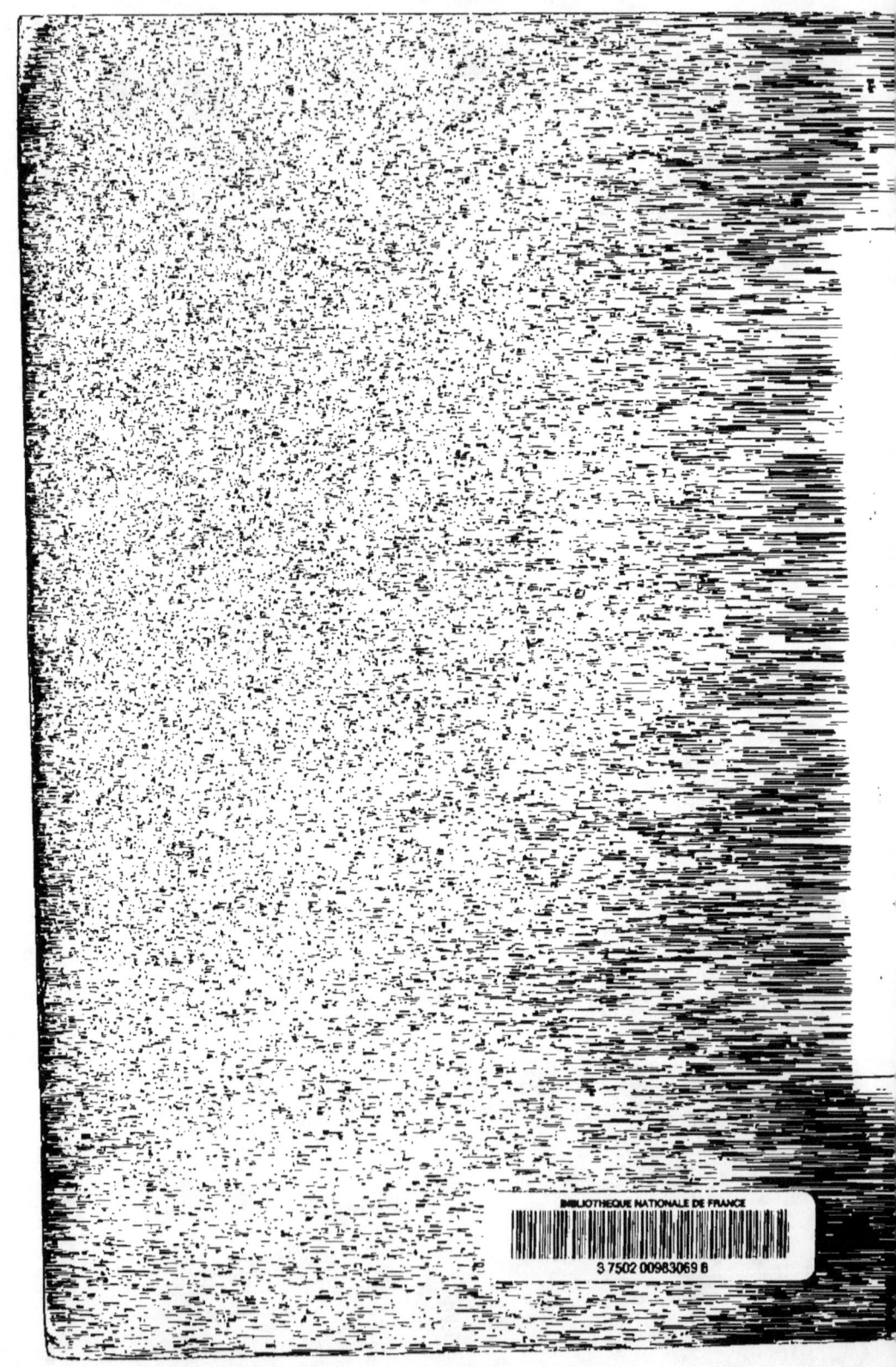

www.ingramcontent.com/pod-product-compliance
Lightning Source LLC
Chambersburg PA
CBHW070710050426
42451CB00008B/588